Campeones de la NBA: Los Cleveland Cavaliers

El base Foots Walker

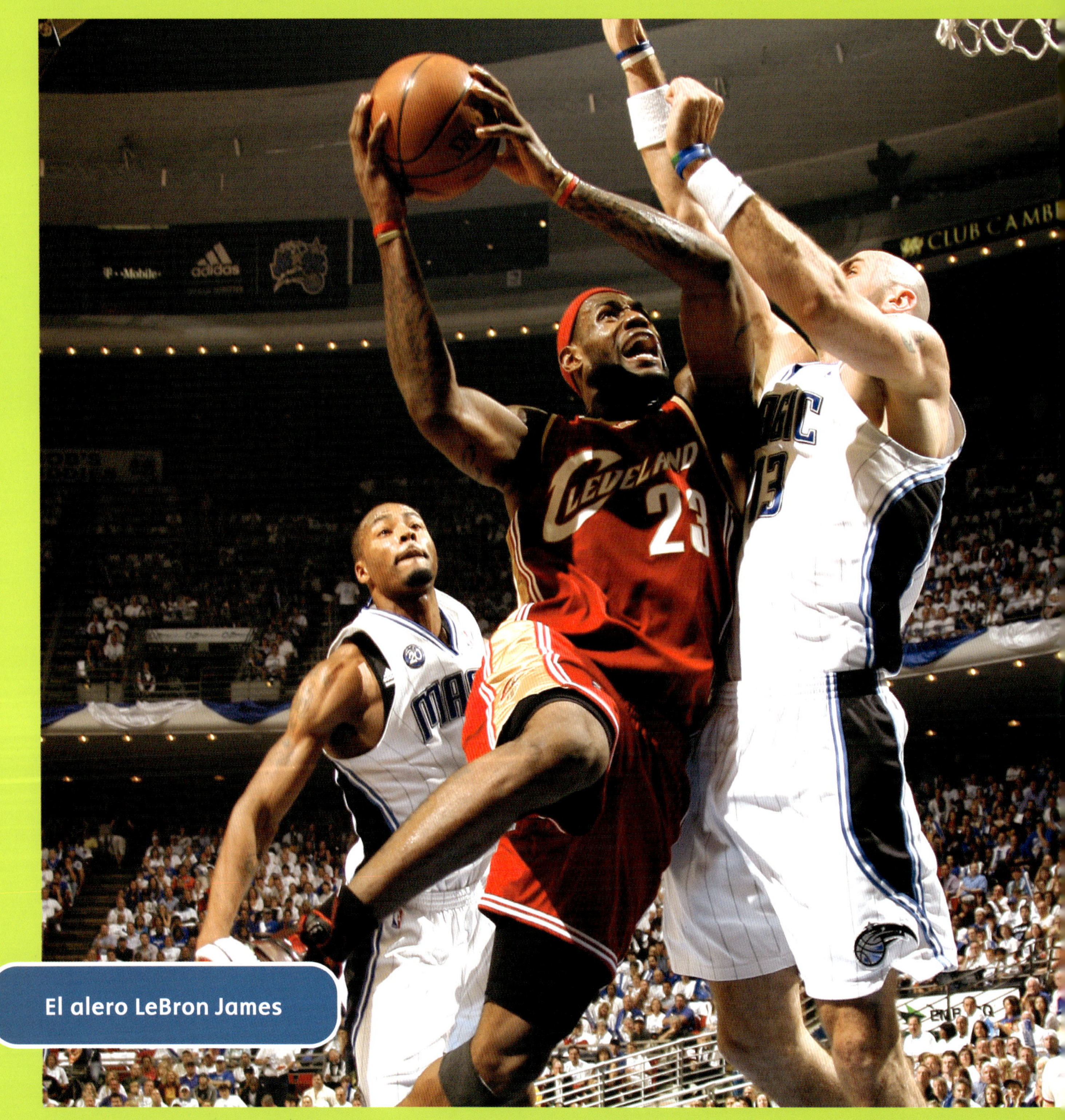

El alero LeBron James

CAMPEONES DE LA NBA

LOS CLEVELAND CAVALIERS

POR JOE TISCHLER

CREATIVE EDUCATION / CREATIVE PAPERBACKS

El escolta Ron Harper

Publicado por Creative Education y Creative Paperbacks
P.O. Box 227 Box 227, Mankato, Minnesota 56002
Creative Education y Creative Paperbacks son sellos de
The Creative Company
www.thecreativecompany.us

Dirección artística de Tom Morgan
Producción del libro por Graham Morgan
Editado por Grace Cain

Imágenes de Getty Images/Carmen Mandato, 10, Charlotte Observer, 16, David Liam Kyle, 19, Dick Raphael, 4, 7, Focus On Sport, 12, 15, Gregory Shamus, portada, Justin Ford, 20, Kevin Cooley, 9, Manny Millan, 5, Mark Blinch, 3, Nathaniel S. Butler, 2, Rogers Photo Archive, 1, Tony Tomsic, 24; Newscom/David Maxwell, portada; US Presswire/ David Butler II, 6
Se ha hecho todo lo posible por contactar con los titulares de los derechos de autor del material reproducido en este libro. Cualquier omisión será rectificada en impresiones posteriores si se notifica al editor.

Library of Congress Cataloging-in-Publication Data
Names: Tischler, Joe, author.
Title: Los Cleveland Cavaliers / by Joe Tischler.
Other titles: Cleveland Cavaliers. Spanish
Description: Mankato, Minnesota : Creative Education and Creative Paperbacks, [2025] | Series: Creative sports. Campeones de la NBA | Audience: Ages 7-10 years | Audience: Grades 2-3 | Summary: "Elementary-level text translated into North American Spanish and dynamic sports photos highlight the NBA championship win of the Cleveland Cavaliers, plus sensational players associated with the professional basketball team such as Donovan Mitchell"-- Provided by publisher.
Identifiers: LCCN 2024023413 (print) | LCCN 2024023414 (ebook) | ISBN 9798889898139 (lib. bdg.) | ISBN 9781682778722 (paperback) | ISBN 9798889898337 (ebook)
Subjects: LCSH: Cleveland Cavaliers (Basketball team)--Juvenile literature. | Basketball--Ohio--Cleveland--History--Juvenile literature.
Classification: LCC GV885.52.C57 T5718 2025 (print) | LCC GV885.52.C57 (ebook) | DDC 796.323/640977132--dc23/eng/20240703

Impreso en China

El centro Brad Daugherty

El escolta Mo Williams

ÍNDICE

Hogar de los Cavaliers

Cleveland es una gran ciudad de Ohio. Se asienta a orillas del lago Erie. Es uno de los Grandes Lagos. Allí se encuentra el Salón de la Fama del Rock and Roll. La ciudad también alberga un **estadio** llamado Rocket Mortgage FieldHouse. Es el hogar de un equipo de baloncesto llamado los Cavaliers.

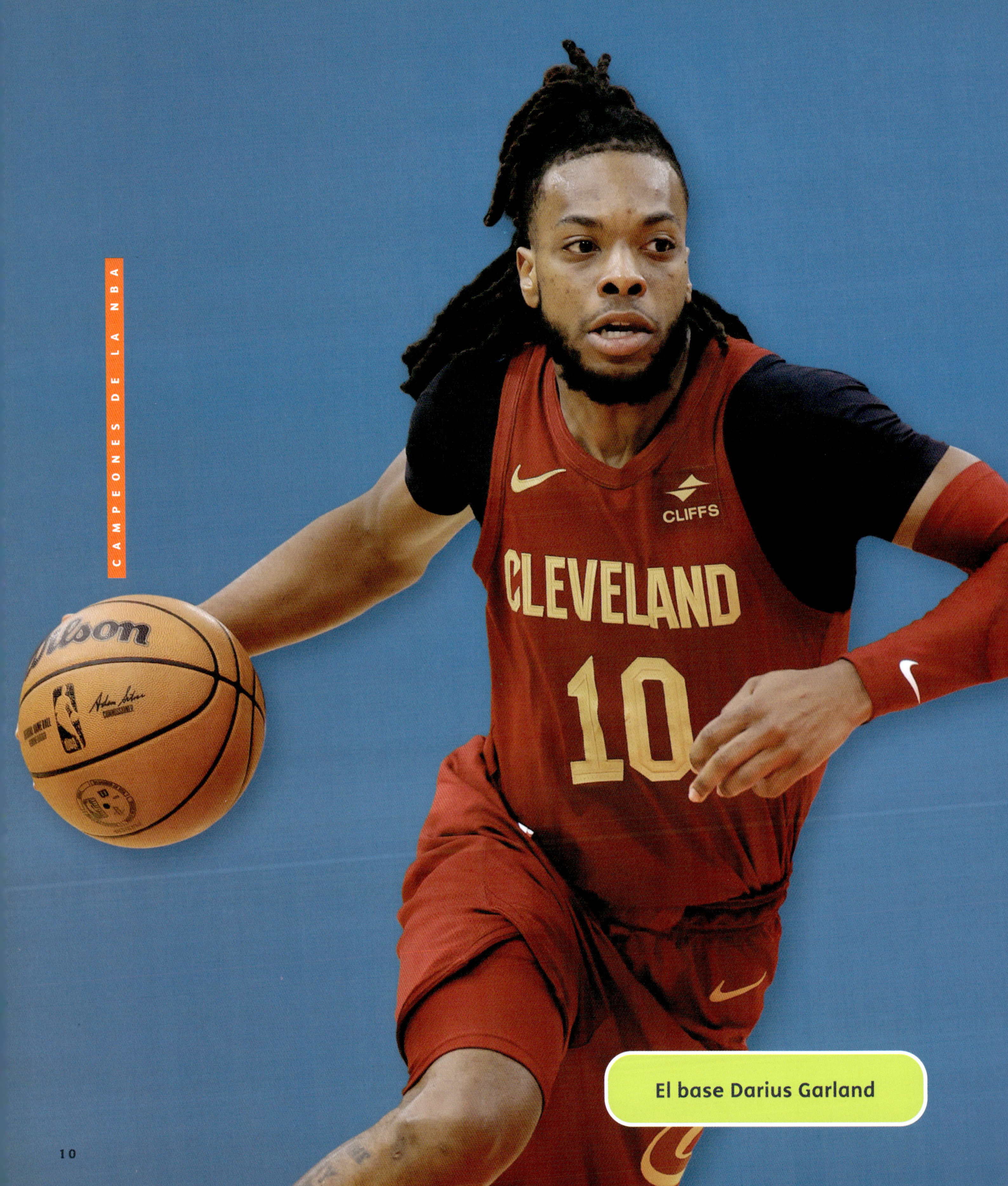

El base Darius Garland

Los Cleveland Cavaliers son un equipo de la Asociación Nacional de Baloncesto (NBA). Juegan en la División Central. Forma parte de la Conferencia Este. Sus **rivales** son los Chicago Bulls y los Detroit Pistons. Todos los equipos de la NBA quieren ganar las Finales de la NBA y proclamarse campeones.

El escolta Austin Carr

Nombrando a los Cavaliers

Los aficionados votaron el nombre del equipo. La encuesta fue realizada por un periódico de Cleveland. Los Cavaliers fue elegido de una lista de cinco finalistas. La persona que propuso el nombre dijo: "Los Cavaliers representan a un grupo de hombres audaces e intrépidos".

Historia de los Cavaliers

Los Cavaliers empezaron a jugar en 1970. Al principio no eran muy buenos. Llegaron a las eliminatorias por primera vez en 1976. Llegaron a las finales de conferencia. Jim Chones anotó la mayoría de los puntos y bloqueó la mayoría de los tiros. Jim Brewer jugó en defensa y lideró en **rebotes**.

Lenny Wilkens se convirtió en entrenador en jefe en 1986. Cleveland se convirtió en un ganador constante. Mark Price repartió muchas **asistencias**. Llegaron a las finales de conferencia de nuevo en 1992. Perdieron contra Michael Jordan y los Chicago Bulls.

El centro Jim Chones

El alero LeBron James

leveland encontró oro en el Draft de la NBA de 2003. LeBron James, nativo de Ohio, fue el primer elegido. Su apodo era "El Elegido". Los Cavaliers llegaron a sus primeras Finales de la NBA en 2007. Pero perdieron contra los San Antonio Spurs. James ganó dos premios al **Jugador Más Valioso (MVP)**. Dejó el equipo.

James regresó en 2015. Cleveland llegó a cuatro Finales de la NBA consecutivas. Ganaron las Finales en 2016. Derrotaron a los Golden State Warriors en siete partidos. ¡Fue su primer campeonato! James detuvo una anotación clave con un bloqueo al final del séptimo partido. Kyrie Irving encestó un gran tiro para sellar la victoria.

Otras estrellas de los Cavaliers

Los Cavaliers han tenido muchas otras grandes estrellas. Larry Nance era un gran defensor. También era conocido por sus mates. Fue compañero de equipo de Brad Daugherty. Daugherty participó en cinco partidos All-Star.

Kevin Love jugó nueve temporadas con Cleveland. Jugó en dos partidos All-Star. Estuvo en el equipo del **título** de 2016. También lo estuvo Tristan Thompson. Jugó nueve temporadas con el equipo.

El alero Larry Nance

El escolta Donovan Mitchell

Donovan Mitchell y Darius Garland son grandes anotadores del equipo en la actualidad. Los aficionados de los Cavaliers esperan que pronto puedan ayudar a traer otro campeonato a Cleveland.

Acerca de los Cavaliers

Primera temporada: 1970-71

Conferencia/división: Conferencia Este, División Central

Colores del equipo: vino, oro y negro

Estadio local: Rocket Mortgage FieldHouse

CAMPEONATOS DE LA NBA:

2016, 4 partidos a 3 sobre los Golden State Warriors

PÁGINA WEB DEL EQUIPO:

https://www.nba.com/cavaliers/

Glosario

asistencia—un pase de baloncesto que conduce a una canasta

estadio—un edificio grande con asientos para espectadores, donde se celebran partidos deportivos y eventos de entretenimiento

Jugador Más Valioso (MVP)—un honor otorgado al mejor jugador de la temporada

rebote—obtener el balón después de un tiro fallado

rival—un equipo que juega más duro contra otro equipo

título—otra palabra para campeonato

Los Cleveland Cavaliers de 1970

Índice